PRÉLIMINAIRES.
CATALOGUE

D'UNE COLLECTION PRECIEUSE

DE TABLEAUX

DES TROIS ECOLES,

COMPOSANT LE CABINET DE M. DE S....

Dont la Vente au plus offrant et dernier Enchérisseur, aura lieu le Mercredi 22 Janvier 1812, et jours suivants de relevée, rue Neuve-Saint-Augustin, en face de la rue de Choiseul, Hôtel de Gesvre.

L'Exposition publique sera faite pendant les trois jours qui précéderont celui de la vente.

PRIX 75 CENTIMES.

SE TROUVE A PARIS,

Chez
- M. OLIVIER, Commissaire-priseur, rue de la Jussienne, N.º 16, maison de M. Fournier l'aîné, notaire.
- ALEX. PAILLET, rue Vivienne, N.º 18.
- M. LA NEUVILLE, Peintre, rue Saint-Marc, N.º 21.

L. P. DUBRAY, IMPRIMEUR, RUE VENTADOUR, N.º 5.
1811.

DETAILS PRÉLIMINAIRES.

La Collection capitale dont nous sommes chargés de donner la description aux Amateurs, aux Artistes et à tous les Admirateurs des chefs-d'œuvre de la peinture, nous fait un devoir d'en soigner les détails et de fixer l'attention sur les nombreux morceaux de première classe; d'en indiquer l'origine ainsi que les cabinets célèbres qui les ont possédés; enfin, de répondre, par notre zèle, à la confiance qui nous est accordée.

Ce n'est pas une galerie que vouloit former M. de S.... mais un Cabinet choisi; par cette raison il s'est vu forcé de renoncer aux chefs-d'œuvre des Ecoles d'Italie, dont les dimensions étoient trop vastes pour son plan, et de se borner aux Écoles Flamande et Hollandaise.

Beaucoup de circonstances que l'on ne peut plus retrouver, ont servi M. de S.... pour former cette réunion, fruit de 20 ans de recherches.

1.º La liberté qui lui a été donnée par M. de Monaco, de faire un choix dans sa Galerie, avant de la mettre en vente.;

2.º Ses fréquents voyages qui lui ont fait découvrir à Nancy le Cabinet de M. de Caumont, à Nantes le superbe *Karel du Jardin*, provenant de la Galerie du prince de Condé, ainsi que le précieux *N. Berghem*, décrit dans notre Catalogue sous le N.º 33.

3.º Et enfin, la série des ventes renommées qui se sont rapidement succédées.

Nous indiquerons donc la plus grande partie des Tableaux de ce Cabinet, comme provenant des Collections Tolozan, Tronchin, Robit, Praslin; van Helsleuter, van Leyden, Monaco, Caumont, etc. etc.

Pour donner une idée de l'importance de cette Collection, il suffira sans doute de donner la nomenclature fidelle des principaux maîtres qui s'y trouvent réunis;
1.º des Ecoles Flamande et Hollandai-

ses, comme plus nombreuses : *P. P. Rubens*, *Ant. van Dick*, *D. Teniers*, *Breughel* dit *de Velours*, *van der Meulen*, *S. Bourdon*, *Rembrandt*, *van Eeckout*, *G. Terburg*, *Karel du Jardin*, *Adrien van der Werf*, *Ph. Wouvermans*, *N. Berghem*, *Adrien* et *Isaac van Ostade*, *J. van der Heyden*, *G. Douw*, *Fr.* et *W. Mieris*, *Albert Cuyp*, *J. Steen*, *Ad.* et *W. van de Velde*, *Paul Potter*, *J. Ruysdaël*, *J. van Huysum*, *Obbema*, *Ludolf Backuisen*, *Rachel Ruych*, *Eglon van der Neer*, *G. Netscher*, *J. Winantz*, *Fr. Moucheron*, *J. Lingelback*, *Slingeland*, *J. Weeninx*, *C. Poëlemburg*, *E. Dietricci*, etc.; 2.º de l'Ecole Française, *J. Vernet*, *J. B. Greüse*, *Hubert Robert*, *MM. David*, *Huë*, *van Spaendonck*, *Valenciennes*, *van Daël*, *Demarne*, *Sweback des Fontaines*, *Droling*, etc. etc. Et enfin, quelques morceaux d'Italie, par *Ant. Corrège*, *L. Carrache*, *C. Maratti* et *Pièire de Cortone*.

Après avoir présenté l'ensemble de cette réunion du choix le plus épuré;

il ne nous reste plus qu'à détailler la variété de leur genre et la perfection qui les distingue.

De toutes les dépenses de luxe, la plus noble et celle qui n'offre pas de perte, est, sans contredit, l'acquisition des Tableaux précieux. Heureux celui qui né avec le sentiment du beau, consacre son superflu à de pareilles acquisitions; il est assuré que si jamais il éprouve un revers de fortune, il trouvera une ressource certaine dans l'objet de ses jouissances. Dans tous les temps et dans tous les pays, il vendra, même avec avantage, ces objets, quand le discernement et le goût en auront dirigé le choix, sur-tout dans ce vaste empire, où les sciences et les arts sont à un tel point d'élévation et de puissance qu'ils ne manqueront pas de protecteurs; aussi sommes-nous convaincus que cette belle vente sera suivie par le concours des Curieux, des Amateurs et des Artistes, qui s'honorent de marcher avec succès sur les traces de leurs grands modèles

CATALOGUE

DE LA RICHE COLLECTION

DE TABLEAUX,

DES TROIS ÉCOLES,

Composant le Cabinet de M. S.......

TABLEAUX

DES ÉCOLES D'ITALIE ET ESPAGNOLE.

CORRÈGE (Antoine).

1. — Le buste du Christ, proportion de petite nature. Il est représenté de face, couronné d'épines, avec une chevelure qui accompagne ses épaules, et couvre une partie de son corps. Ce tableau authentique a été apporté de Rome par M. de Matignon, évêque de Bayeux, et placé, avec le plus grand honneur, dans la galerie Monaco, dont il provient. Sur des morceaux de cette haute classe, on ne peut que rapporter fidèlement leur origine et

TABLEAUX.

la renommée qui les distinguent. H. 11 p., L. 9. B.

CARRACHE (Louis).

2. — Le sujet d'une descente de croix, morceau précieux sous le rapport du faire et de la dimension. Le Christ est représenté soutenu par la Vierge qui exprime la plus profonde douleur. A droite et à gauche, deux anges sont prosternés et en adoration. Quelques chérubins se détachent sur un ciel obscur qui laisse distinguer la croix. Ce tableau dont la filiation est connue, a toujours été apprécié par les connoisseurs. H. 18 p., l. 14. T.

MURILLO (Bartolomée Esteban).

3. — Deux tableaux désignés sous les titres de la *Marchande d'eau* et du *Muletier*, compositions chacune de deux figures dans des fonds de paysages. Ces morceaux de chevalet et de première classe, sont gravés au trait à l'eau forte dans le second volume du voyage de M. Lebrun en Espagne et en Italie; dans les années 1807 et 1808. *Voyez* les planches 137 et 138, et pour la description *page* 2. Leur dimension est de 18 p. et demi de larg., sur 12 et un quart. T.

MARATTI (Carlo).

4. — Diane au bain, surprise par Actéon. Cette déesse, représentée nue et vue par le dos, sur le devant du sujet, semble vouloir se cacher aux regards du berger indiscret; les nymphes qui l'accompagnent en paroissent également irritées. Un fond de rocher et de paysage, d'un ton et d'une touche sévères, contribue à faire briller la richesse et l'éclat des carnations. Morceau recommandable par la grâce de son exécution comme par l'agrément du sujet. C'est à juste titre que les artistes le trouvent digne d'être comparé aux plus belles productions des *Carraches*, du *Dominiquin* et autres grands Maîtres de ces célèbres Ecoles. L. 24 p., h. 18. T. Galerie Monaco, ainsi que le suivant. Même dimension.

PAR LE MÊME.

5. — Ce deuxième tableau, encore de premier choix, offre également un sujet de Diane au bain, représentée assise et nue, dans l'attitude et l'expression d'écouter quelque bruit qui semble inquiéter sa pudeur. Un fond de paysage mêlé de chutes d'eau, donne à ce sujet d'une seule figure, un véritable intérêt

CORTONE (Pierre).

6.—Le sujet de la naissance de la Vierge, composition de dix figures, exécutée avec la grâce qui a toujours conduit le pinceau de ce grand artiste. Cet agréable morceau de chevalet a circulé dans les différents cabinets, comme étant le projet terminé du grand tableau de *P. de Cortone*. C'est à ce même titre que nous le présentons aujourd'hui aux connoisseurs. H. 24 p., l. 20. T. Il provient de la collection de M. Robit.

ÉCOLES FLAMANDE ET HOLLANDAISE.

RUBENS (P. P.)

7. — L'enfant de cet artiste célèbre. Il est représenté assis dans sa chaise fermée d'une planchette où sont posées ses mains et quelques bonbons, le visage presque de face, coiffé d'un béguin qui lui arrondit la figure et produit cette illusion frappante de la nature. Un simple habillement blanc fait tout son ajustement, sur un fond entièrement sacrifié à l'éclat et à la fraîcheur des carnations. Cette rare et précieuse

TABLEAUX.

étude a toujours été conservée avec distinction dans la famille des princes Monaco, jusqu'au moment qu'elle est entrée dans ce cabinet. *H.* 28 *p.*, *l.* 19 *et demi. B.*

Elle est gravée par *Salvador*, et citée dans *Descamps*.

DICK (Ant. van).

8. — Ce tableau de première classe et de la plus riche ordonnance, est connue par la belle estampe gravée par *Bolsverdt*, sous le titre de la *Vierge aux Anges*. Feu M. Pelletan a fait la découverte de ce morceau magnifique dans le cabinet de M. Boyer Deguille, à Aix en Provence. Nous pouvons donc affirmer que c'est le sujet le plus gracieux qui soit sorti du pinceau de *van Dyck. L.* 60 *p.*, *sur* 54. *B.*

PAR LE MÊME.

9. — Le portrait du général Montrose, digne soutien de Charles Ier. Ce personnage de caractère est représenté à mi-corps, la tête de trois-quarts et portée sur l'épaule droite, dans l'attitude la plus fière et la plus énergique; et ajusté

d'une cuirasse recouverte d'une draperie rouge qui ne détruit en rien le coloris des carnations. Cette production d'Italie suffiroit à la renommée de son auteur. On la faisoit remarquer dans la galerie de Monaco, comme un des beaux portraits de cet artiste quand il consultoit le coloris et l'exécution savante du *Titien. H. l. T.* Il est cité dans *Descamps*.

TENIERS (D.).

— 10. — Ce tableau capital et d'une qualité rare, peut rivaliser les plus grands Maîtres d'Italie, par l'assurance et l'énergie de son exécution, l'expression des personnages et un dessin aussi spirituel que vrai. Il représente la tentation de Saint Antoine dans une composition neuve et grandiose. A la gauche du sujet on voit cet hermite prosterné devant un autel taillé dans le roc, et détourné de sa prière par une vieille sorcière qui le force à regarder une grande dame vêtue d'une robe de velours noir et paroissant tenir un verre de liqueur. Différentes figures diaboliques et grotesques offrent une variété aussi ingénieuse qu'elle est originale et qui n'appartenoit qu'à la fécondité de ce génie aussi habile que plaisant. Différents livres de prières, poteries et autres accessoires, contribuent à jeter dans cet admirable ouvrage l'intérêt et l'illusion. C'est à juste titre qu'il étoit considéré dans la galerie Monaco comme une des productions curieuses de la peinture, qui élevoit *David Teniers* au premier rang et au-dessus de son genre dans lequel il a eu des imitateurs, mais point de rivaux. Il est gravé et cité dans *Descamps.* L. 45 p., h. 40. T.

PAR LE MÊME.

11. — Cette riche composition présente, dans un genre opposé, la fécondité du génie de cet artiste que l'on peut dire universel. Dans l'intérieur d'un corps de garde d'une distribution pittoresque à produire des effets, on voit dans le milieu de la composition, cinq personnages en costumes militaire et de paysan; deux autres se distinguent encore devant une cheminée; la partie droite est enrichie de différentes armures et attributs de guerre du détail le plus vrai; du côté opposé est une porte de ville gardée par un factionnaire qui tient son fusil en joue. Un chien fait encore un accessoire intéressant. Ce tableau, d'un admirable faire et de la touche la plus énergique, a toujours tenu un rang

distingué dans les différents cabinets qui l'ont possédé. *L.* 24 *p.*, *h.* 18. C.

TENIERS (D.).

12. — Ce troisième tableau, fidelle imitation de la nature, est désigné sous le titre de *Teniers en promenade dans les environs de sa campagne*. On voit ce peintre accompagné de sa femme et suivi de son page, considérant des pêcheurs qui retirent leur filet d'un eau limpide qui occupe tout le premier plan. Celui de ces personnages qui se fait remarquer, présente un de ses plus beaux poissons qui semble être accueilli avec intérêt. Quelques chaumières parmi des arbres d'un feuillé facile et léger, indiquent les dehors d'un fort village. Il est impossible de décrire aucune production de ce peintre, sans y ajouter tous les éloges qui le distinguent, soit par la fécondité de son génie ou l'esprit et le grand art de l'exécution. C'est à ces titres que ses ouvrages ont toujours eu et conserveront une valeur aussi durable que son nom dans l'histoire de la peinture. *L.* 48 *p.*, *h.* 28. T.

SEGERS (Gérard).

13. — Le sujet des pélerins d'Emmaüs, demi-

TABLEAUX.

figures de proportion naturelle. Morceau de caractère et de cette touche savante et énergique qui caractérise son auteur. Feu M. Pelletan, grand amateur, qui l'a possédé, en faisoit le plus grand cas, et le destinoit au premier rang d'une galerie qu'il avoit projetée. Sa dimension est d'environ 72 p. *de large sur* 54 *de haut. T.*

BREUGHEL (Jean), dit de *Velours*.

14. — L'intérieur d'une grotte décrite dans la Fable, comme celle où Calypso reçut Ulysse. Morceau de la plus grande finesse et d'une richesse de détail qu'il seroit difficile de rendre dans cet article. Nous en laisserons l'examen aux curieux, ainsi que l'interprétation d'un sujet plus juste, qui pourroit être Pomone dans ses jardins, recevant Jupiter sous la figure de Vertumne. *L.* 18 *p., h.* 13. *C.*

NEEF (Pierre).

15. — Un intérieur d'église éclairé aux flambeaux. Morceau précieux et de la plus exacte perspective. On y compte plus de quarante figures touchées avec infiniment de goût par *Fr. Frank. L.* 14 *p., h.* 9. *B.*

TABLEAUX.

SWANVELDT (Hermand).

— 16. — Site de paysage d'une vaste étendue, offrant sur la droite une masse d'arbres et de montagnes couronnées d'un temple de riche architecture. Un terrain marécageux où passent des bœufs, un homme et une femme, enrichit les premiers plans de ce morceau de goût et digne de la renommée de son auteur. *L.* 48 *p.*, *h.* 32. *T.*

MEULEN (Ant.-Fr. van der).

— 17. — Ce tableau du plus beau faire de cet artiste et d'un excellent choix parmi ses nombreux ouvrages, offre les détails d'un détachement de cavalerie qui traverse une ville sur le chemin d'Anvers dont on distingue les édifices les plus élevés. Morceau plein de mouvement et de ce ton argentin qui lui étoit familier. *L.* 28 *p.*, *h.* 23 *T.*

LAR (P.), dit *Bamboche*.

— 18. — Le sujet de l'Annonce aux bergers. Morceau précieux dans son exécution comme dans son effet. On peut ajouter encore à son

TABLEAUX.

mérite; que c'est rarement qu'il s'en rencontre dans les ventes. H. 22 p., l. 17. B.

REMBRANDT (van Ryn).

19. — Le portrait de Jansénius, morceau recommandable du côté de l'art, ainsi que par l'intérêt du personnage qui est représenté presque à mi-corps, la tête tournée de trois-quarts, coiffé d'un chapeau rabattu et portant un petit collet de batiste qui se détache sur un habillement noir. Malgré la renommée de cet immortel coloriste, dont le nom seul est un éloge, nous arrêterons l'attention des curieux et des connoisseurs sur cette production qui frappe par son étonnante vérité et la force des traits. H. 30 p., l. 24. B.

Ce portrait est cité dans *Descamps*.

PAR LE MÊME.

20. — Ce deuxième tableau offre un personnage également vu de trois-quarts, et dans une pose fière qui ajoute à son caractère. Il est coiffé en cheveux, portant un large chapeau rabattu, et ajusté d'un manteau noir qui porte ce bel ouvrage au plus haut degré de vigueur et de vérité. On ne doit pas douter

12 TABLEAUX.

qu'il se trouve gravé dans son œuvre, ainsi que le précédent. Panneau ovale de 29 p. de haut. sur 24 de larg. B.

ECKOUT (G. van den).

21. — Le sujet de la femme adultère, composition de quatorze figures de la plus belle proportion pour un morceau de chevalet. Cette scène d'un véritable intérêt par l'opposition des caractères, se passe dans l'intérieur d'un temple d'une architecture sage et d'une belle harmonie dans ses effets. Ce peintre qui tient le premier rang parmi les nombreux élèves de *Rembrandt*, n'a pas besoin d'éloge; mais il n'est pas déplacé de présenter celui que nous décrivons, comme une de ses productions heureuses et de choix, digne de fixer l'attention du connoisseur le plus difficile. L. 24 p., h. 20. T.

POTTER (Paul).

22. — Cette composition, simple et vraie comme la nature, offre le point de vue d'une prairie où se fait remarquer un taureau noir accidenté de blanc sur ses pieds; et près de lui, sur la gauche, une vache de ton roussâtre, couchée, qui se détache sur un vieil arbre et quelques charmilles.

TABLEAUX.

Un dessin correct et l'étude la plus soignée, rappellent le temps où ce peintre célèbre dans son genre, cherchoit les vérités de la nature dans tous ses détails. H. 17 p., l. 14 et demi. B.

TERBURG (Gérard).

23. — Un intérieur d'appartement, dans lequel on voit une réunion de trois personnages qui se font distinguer avec un égal intérêt. A la droite du sujet est une jeune et belle personne assise, à laquelle un homme de la figure la plus gracieuse, présente un verre de liqueur. Ce dernier, également assis, est dans un habillement pittoresque de l'ancien costume hollandais, qui annonceroit un personnage titré de la bourgeoisie; son visage de profil porte le caractère du respect et de l'admiration pour la jeune dame qui est devant lui, et dont l'ajustement se compose d'un manteau de lit de soie jaune bordé d'hermine, qui se détache sur une jupe de satin garnie d'une dentelle d'or. En opposition et au milieu de ce groupe, on voit encore avec intérêt une femme âgée qui semble prendre part à leur entretien. Le peintre a terminé cette composition par quelques détails et accessoires analogues au sujet. Il n'est pas possible de rencontrer un mor-

ceau plus gracieux ni plus parfait de *Gérard Terburg*. C'est à juste titre qu'il a toujours été cité et classé au nombre des chefs-d'œuvre de cette grande Ecole qui s'est toujours distinguée par le charme de la couleur et la représentation fidelle de la nature. Avec tous les avantages de l'art, il a celui d'être de la plus précieuse conservation. H. 24 p., l. 20. T. Vente après le décès de M. le comte de Praslin, sénateur, le 19 Mai 1808, N.º 18 du Catalogue.

OSTADE (Adrien van).

— 24. — Ce précieux tableau présente une villageoise vue à mi-corps dans l'intérieur et à la porte de sa maison, tenant son enfant dans ses bras. Le dehors de cette habitation rustique est enrichi d'un pied de vigne courant sur un auvent. Différents autres détails ajoutent encore à l'intérêt de cette admirable production qui a toujours été distinguée dans le cercle des connoisseurs, comme une de ces pièces de comparaison qui doivent diriger les amateurs; on y admire cette touche de goût et cette force de coloris qui ont classé *Adrien van Ostade* sur la première ligne des Maîtres hollandais. M. de Choiseuil, qui se l'étoit réservé avec plusieurs autres, lors de la vente

TABLEAUX. 15

de son cabinet, n'a pu résister aux sollicitations et aux offres du prince de Conti. *Voyez* son Catalogue, N.º 313, et celui de la vente Praslin, le 19 Mai 1808, N.º 15. H. 14 p., l. 10. B.

PAR LE MÊME.

25. — Ce deuxième tableau, digne encore des précédens par son précieux fini, offre l'intérieur d'une cuisine; à gauche est un cochon ouvert et attaché sur une échelle : deux paysans sont arrêtés devant pour le considérer; à droite et dans l'enfoncement est une ménagère assise près d'un billot et entourée de ses enfans, dont trois s'amusent avec une vessie. Divers ustensiles et autres détails disposés avec autant de vérité que de goût, servent à l'ornement de cette admirable et intéressante production. *Descamps*, à l'article d'*Ostade*, en parle, à juste titre, comme d'un chef-d'œuvre de couleur, de touche et d'harmonie. Cabinet Tolozan, N.º 80. L. 14 p. et demi, h. 12 p. et demi. B.

PAR LE MÊME.

26. — Ce précieux tableau, composé d'une seule figure vue à mi-corps, représente un médecin dans son cabinet, examinant une fiole avec l'attention et la méditation d'un savant. Il

est contre une table où l'on remarque, entre autres accessoires, un herbier ouvert. On voit dans cet ouvrage plus sévère de sujet, le grand art du peintre et une parfaite illusion de la nature. Collection Tolozan, N.° 82. *H.* 10 *p. et demi, l.* 8. B.

OSTADE (Isaac van).

27. — Le point de vue d'un village et d'un canal glacé où sont rassemblés quelques personnages et nombre d'enfants qui s'amusent à patiner. On y remarque encore un traîneau chargé de bariques, qu'un paysan conduit avec son cheval. Tout ce que le charme de la couleur, le goût de la touche et la vérité dans le mouvement peuvent offrir en peinture, est retracé avec le plus grand art dans les productions de cet habile coloriste, digne rival de son illustre frère *Adrien. L.* 21 *p., h.* 16. B.

JARDIN (Karel du).

28. — Ce tableau capital, précieux et de toute rareté, présente une des heureuses productions de *Du Jardin*, dans une belle proportion de chevalet. Il offre un site de paysage montagneux dont tout le premier plan est oc-

TABLEAUX. 17

cupé par une rivière que traverse à gué une famille de villageois conduisant leurs bestiaux au retour des champs. Ce groupe, d'un véritable intérêt, est composé d'une femme tenant son enfant par la main, et suivie d'une chèvre, un chien, un mulet chargé de ses paniers, un petit ânon et une vache. Un paysan, sur un cheval blanc, accompagné d'un jeune garçon, se présente de face sur un terrain élevé. Les morceaux de cette perfection se recommandent par leur propre mérite, et n'échappent point à l'œil du connoisseur. Il provient du cabinet du prince de Condé, et est gravé par *Lebas*, sous le titre de *la Belle après dîné*. H. 18 p., l. 16. T.

VELDE (Adrien van den).

29. — La Moisson des foins, petit tableau que nous annonçons comme un des diamants de la curiosité. Le peintre a pris le moment où les travailleurs prennent leur repas à l'heure brûlante de midi. Ce groupe, au nombre de dix personnages dans des positions variées et naturelles, occupe le milieu du sujet, et se voit à l'ombrage d'une voiture de foin et attelée de

deux chevaux ; de beaux détails de paysage se prolongent jusqu'à l'horizon, en se détachant sur un ciel harmonieux et parfaitement nuagé. Ce rare et précieux tableau est au-dessus de tout éloge, réunissant dans son genre toutes les perfections de l'art. Il provient de la célèbre collection Robit, N.º 162 du Catalogue, et fut arraché par notre amateur à l'enchérisseur anglais qui lui disputoit cette jouissance. L. 13 p.; h. 10. B.

VELDE (Adrien van den).

— 30. — Ce deuxième tableau offre une agréable variété de composition, avec la touche moelleuse et délicate de cet artiste que l'École hollandaise a placé au premier rang. Il représente un site de paysage entièrement couvert d'arbres dont le ton vigoureux contribue à faire ressortir les détails des richesses du premier plan, qui consistent en une belle vache blanche et roussâtre, qu'une paysanne se dispose à traire. Une autre vache couchée sur la prairie, se fait remarquer sur la gauche. Du côté opposé, un cheval en liberté et deux moutons; un canal qui passe sur le devant, réfléchit une partie des détails. Ce joli tableau est entré dans ce cabinet, sortant de la collection du marquis de Caumont. *L*. 9 *p. et demi* , *h*. 8. B.

VELDE (W. van de).

31. — Ce précieux tableau et le plus riche qui soit connu dans cette dimension, offre une belle étendue de mer où l'on compte quatorze barques et chaloupes, partie à la voile; un grand nombre de figures y sont en action et donnent à l'ensemble un mouvement aussi vrai que la nature. Le ciel frais et azuré d'une belle matinée d'été, contribue à l'éclat de cette production de premier choix, que sa richesse a fait nommer la *Petite Flotte*. *L*. 18 *p*. , *h*. 15 *et demi*. B.

HEYDEN (Jean van der).

32. — Ce magnifique et rare tableau offre le point de vue et la place d'une ville de Hollande; elle est enrichie de bâtiments et édifices publics. A gauche est une maison bourgeoise bâtie en briques, au bas de laquelle est une boutique de cordonnier; du même côté et adossée à cette maison, s'élève une église d'une architecture gothique dont la façade s'étend jusqu'à un plan très-éloigné où l'on voit un mur à hauteur d'appui, derrière lequel un bouquet d'arbres laisse apercevoir dans l'éloignement d'autres édifices. A droite

une petite maison aussi construite en briques avec une tourelle sur le coin, est bordée du côté opposé par une allée d'arbres. *Ad. van de Velde* a enrichi ce merveilleux ouvrage, de nombre de figures distribuées avec cette intelligence qui leur donne à toutes un motif d'une telle vérité que l'on pourroit les croire en action. Ces deux peintres célèbres étoient tellement maîtres de leur pinceau, que l'on ne sauroit y découvrir la peine du travail ni la moindre sécheresse dans les détails, qui les a rendu supérieurs à tous ceux qui ont voulu traiter les mêmes sujets. Ce beau tableau a été adressé à M. Randon de Boisset pour son cabinet, et acquis à sa vente par l'amateur Tolozan. N.º 51 de son Catalogue. *L.* 20 *p.*, *h.* 16. B.

BERGHEM (Nicolas).

33. — Ce tableau admirable de touche et de couleur, offre sur tous les premiers plans une marche de villageois qui conduisent leurs bestiaux à l'heure d'une soirée indiquant un retour des champs; le site très-pittoresque est terminé vers l'horizon par une chaîne de montagnes enrichies de quelques fabriques, arbres et broussailles. Morceau de rare qualité, que l'on dit gravé sous le titre du *Passage du Bac. L.* 16 *p.*, *h.* 12. *B.*

TABLEAUX.

PAR LE MÊME.

34. — On ne pouvoit pas rencontrer un compagnon plus heureux au précédent, et dans une plus intéressante variété de sujet, et de même dimension. Il représente un point de vue de mer et les détails d'un port dont le rivage est couvert de personnages sous différents costumes ; un navire à la voile et quelques barques se font remarquer sur les différents plans, et portent l'œil à de hautes montagnes baignées par la mer. Ce tableau de la touche la plus délicate, est aussi d'une étonnante finesse de ton. Il a été gravé par *Lebas*, dans une suite des quatre heures du jour. *B.*

PAR LE MÊME.

35. — Ce beau tableau qui tient au site pittoresque de l'Italie, offre dans toute son étendue une masse de rochers couronnés de ruines qui se perdent dans les nuages légers d'un ciel argentin. Des sources tombent en cascades de toutes parts, parmi des arbres et broussailles du plus riche détail et de la plus brillante touche. Des pâtres, deux vaches, un âne, une chèvre, un chien, ainsi que différents corps d'arbres, sont répandus sur tous les premiers plans, qui sont soutenus

dans le ton le plus vigoureux de couleur. Morceau classique sous tous les rapports de l'art. Il est gravé par...... *H. 36 p.*, *l. 3o B.*

WOUVERMANS (Ph.)

36. — Ce tableau capital et de la plus haute renommée, est désigné et connu dans la curiosité, ainsi que dans les ouvrages qui parlent de peinture, sous le titre de l'*Espion*. Composition de la plus riche ordonnance et du plus précieux détail. Dans un site de paysage couvert d'arbres dans toute la partie gauche, le peintre a représenté un détachement de cavalerie qui surprend un espion sous le travestissement d'un paysan portant un panier d'œufs. Sa figure humble et soumise n'en impose point à l'officier sévère qui lui fait des questions et semble déjà donner l'ordre de l'arrêter. Ce groupe de dix chevaux et de trente figures, offre une admirable variété de caractères, d'ajustements et de mouvements, qui classe cette production au nombre des chefs-d'œuvre de cette Ecole et de son auteur. Un ciel nuageux par un temps couvert, forme une opposition savante pour faire briller les détails et la vigueur du ton général des premiers plans. Cabinet cé-

TABLEAUX.

lèbre par son choix, de feu M. Lubling, d'Amsterdam, qui a été acquis pour la France, en 1776. Sa belle dimension est de 27 p. de h. sur 20 et demi de l. B.

PAR LE MÊME.

37. — Ce deuxième tableau désigné sous le titre du *Cheval entier*, est encore d'une qualité supérieure et de la touche la plus brillante. Il représente un agréable site de paysage coupé par différents chemins, et sur le milieu du premier plan un cheval de belle race qu'un valet tient par la bride, tandis que son cavalier marche à la rencontre d'une jeune villageoise qui se distingue derrière un arbre entouré de charmille. D'agréables lointains se détachent sur un ciel frais légèrement azuré. Morceau du meilleur choix, provenant de la collection du marquis de Caumont, à Nancy. L. 12 p., h. 10 et demi. B.

MIÉRIS (F.), dit le Vieux. 1658.

38. — Dans un intérieur de chambre à coucher, se voit une jeune et jolie personne de carnation blonde, vêtue d'une jupe de satin blanc et d'un corset rouge relevé de broderies

en argent, et d'une large collerette; elle porte au col un collier de perles du plus bel Orient, et ses cheveux, naturellement bouclés, tombent négligemment sur ses épaules et sont simplement ornés d'une rosette de ruban bleu. Cette personne aussi aimable que vraie, est assise devant une table couverte d'un riche tapis de Turquie, où elle est occupée à former un collier avec des perles qu'elle retire d'une boîte de laque du Japon. Sur un plan reculé, et dans un admirable ton de demi-teinte, le peintre a placé une jeune fille qui paroît avoir apporté une aiguière d'argent dans son plat, et s'arrête pour attendre les ordres de sa maîtresse. Le fond entièrement sacrifié à l'éclat du sujet et de ses détails, laisse distinguer un lit d'étoffe verdâtre surmonté de panaches en plume. Il est impossible de citer un ouvrage plus parfait de *F. Miéris;* il joint au charme du plus admirable fini celui du sujet qui est le plus gracieux qu'il ait traité, et cette étonnante vérité dans les moindres détails, qui brille dans toutes ses productions, et l'ont placé au premier rang des peintres de cette savante Ecole. Nous pouvons dire avec assurance qu'il est cité dans tous les auteurs comme son chef-d'œuvre. *H. 8 p. et demi, L. 6 et demi. B.*

TABLEAUX.
MIÉRIS (F.) dit le Vieux.

39. — Ce petit tableau encore d'un fini très-précieux et pur d'exécution, est désigné sous le titre de la *Dame de qualité*. Collection célèbre de Lubling. Cette personne d'une figure encore gracieuse, est représentée de face, coiffée d'un chapeau garni de plumes, portant sur ses bras et dans les plis de sa robe un joli chien épagneul. Morceau en ovale, que l'on peut classer au nombre de ceux qu'on appelle les diamants de la peinture, sous le rapport de son mérite comme de son extrême rareté. H. 6 p. l. 4 un quart. B. Ce tableau est gravé.

PAR LE MÊME.

40. — Ce rare et précieux petit tableau offre le portrait du greffier Fagel, cité dans *Descamps*. Ce personnage est représenté à mi-corps, la tête découverte, drapé d'un manteau noir, et dans l'action de parler. Nous rapporterons ici, que les artistes considèrent ce morceau comme un des meilleurs modèles de son genre. H. 8 p., l. 6. C.

MIÉRIS (Guillaume-François).

41. — A l'embrasure d'une croisée où sont deux personnes vues à mi-corps, on distingue

un homme de figure animée, tenant de sa main droite un verre à vin du Rhin, renversé, indiquant, par son caractère, le regret qu'il soit vide; un drapeau qui forme le plus bel accessoire, se détache sur un riche tapis de Turquie. Ce tableau désigné sous le titre *du Trompette*, est classé parmi les précieuses productions de ce peintre. Il est passé du cabinet Neyman dans la galerie de Condé, où il étoit placé au premier rang de cette brillante Ecole. *H.* 9 *p. l.* 7. *B.*

Douw (Gérard).

42. — Le sujet religieux et de caractère d'un hermite en prière. Il est vu à mi-corps, dans l'intérieur d'une grotte, la tête de trois-quarts, et prosterné, méditant sur un livre. On voit encore avec intérêt un vieux tronc d'arbre placé à gauche, accessoire familier à ce peintre dans presque tous ses ouvrages en ce genre. On le trouve décrit dans le cabinet Tronchain, comme un morceau recommandable. *H.* 15 *p., l.* 12. *B.*

PAR LE MÊME.

43. — Une femme âgée, habillée de belles étoffes et portant un mantelet de velours bordé

TABLEAUX. 27

de martre; elle tient de la main droite une balance où elle pèse des pièces d'or; de la main gauche elle choisit des karats dans une boîte qui se trouve sur une table où l'on distingue un coffret, différentes médailles, des chaînes d'or et d'autres bijoux. Ce tableau vigoureux de couleur, représente la mère de *Gérard Douw*, quand cet artiste suivoit encore la manière de *Rembrant*. H. 21 p., l. 16. B.

WERF (Adrien van der).

44. — Ce précieux tableau n'est pas un des moins rares du cabinet, tant sous le rapport d'un coloris vigoureux que par son extrême fini et l'agrément de son sujet. Il représente un jeune faune et une jolie bacchante qui se caressent dans un bosquet des jardins de Pan, dont on distingue la statue sur la droite; et du côté opposé, dans une savante demi-teinte, sont encore deux Amours qui semblent considérer cet aimable groupe. Les descriptions de la galerie de Sardaigne, dont il provient, en font l'éloge le plus distingué et un très-ample détail. H. 13 p. et demi, l. 11. B.

NETSCHER (Gaspard).

45. — Ce tableau de la première finesse et

de belle conservation, offre le sujet de Vertumne et Pomone représentés dans un fond de jardin sacrifié dans ses détails par un ton mystérieux convenable à cette scène, et pour contribuer à faire ressortir les personnages. La figure principale est une jeune et jolie personne assise et dans un habillement le plus galant, qui semble écouter avec complaisance l'entretien de la duègne qui cherche à la séduire. Une table couverte d'un riche tapis de Turquie, où sont placés quelques fruits, forme un principal accessoire à cette précieuse et rare production qui, originairement, a servi de pendant au sujet de Cléopâtre, gravé par *Will*. H. 18 p., l. 14.

STEEN (Jean).

46. — Ce tableau de rare qualité, a assigné à cet artiste le rang le plus distingué parmi les peintres de la haute Ecole hollandaise; il offre une composition originale, critique et morale, ayant pour titre *les Dangers de l'ivresse*. Dans un intérieur, on voit *J. Steen* et sa femme endormis auprès d'une table, à la suite d'un repas trop abondant. Profitant de leur sommeil, les domestiques forcent une armoire et en-

lèvent l'argent, les enfants fouillent dans la poche de leur mère, le chien mange le pâté, un singe griffonne les contrats, et un chat s'élançant sur une cage contenant un oiseau, fait tomber des porcelaines placées sur le haut d'une armoire; une bible, un violon par terre, un verre et un pot à l'eau renversés, ajoutent au désordre de cette scène. Cette production ingénieuse tire son effet de lumière d'une croisée à la droite du sujet, ce qui produit une admirable intelligence de clair obscur. Nous ne doutons pas que ce bel ouvrage sera apprécié des vrais amateurs et de nos plus habiles artistes. *L.* 38 *p.*; *h.* 32. *T.*

PAR LE MÊME.

47. — *Le Satyre chez le paysan*, sujet de la fable. Dans l'intérieur d'une cabane ornée d'ustensiles divers, l'on compte sept personnages, parmi lesquels se distingue le paysan assis devant une table couverte de différents mets, et soufflant sa soupe, tandis que le Satyre, debout sur la gauche, appuyé sur une béquille de forme singulière, fait des réflexions qui attirent les regards et l'attention d'une femme chargée d'un plat d'œufs, ainsi que deux autres,

dont une vieille qui est assise ; et plus loin, près d'une cheminée, un jeune garçon riant de ce personnage original. Au milieu du premier plan, on voit encore avec intérêt un enfant habillé d'un corset rougeâtre, en chemise et vu par le dos, montrant sa cuiller vide.

Jamais les expressions différentes n'ont été plus variées : le Satyre pérore, le paysan souffle, la vieille écoute, les jeunes gens rient, et enfin tous les personnages sont au sujet avec autant d'art que de vérité, pour présenter un des ouvrages les plus distingués de *J. Steen*, qui a joint à la plus admirable exécution, une couleur vraie et une gaieté soutenue dans toutes ses compositions. *H.* 19, *l.* 17, *T.* Cabinet van Helsleuter, N.º 163.

HOBBEMA.

48. — Un point de vue de paysage traversé par un canal sur lequel est construit un moulin occupant toute la partie droite, ainsi qu'une échappée de lointain; à gauche, un terrain sablonneux et frappé d'un coup de lumière piquant, produit un contraste avec les arbres qui sont du ton le plus vigoureux et de cette touche ferme et assurée qui a toujours conduit le pinceau de cet illustre rival de *J. Ruysdaël*.

TABLEAUX. 31

Un ciel largement peint et sage de ton, contribue à faire ressortir, avec succès, la richesse des détails. Joint au grand mérite de ce bel ouvrage, on ne peut pas laisser ignorer l'extrême rareté d'en rencontrer d'aussi capitaux et d'une plus heureuse dimension, pour servir de pendant au tableau du N.° 53. *L.* 31 *p.*, *h.* 22. *B.*

CUYP (Albert).

49 — Sous une allée d'arbres qui se présente en face du spectateur, on voit un personnage en manteau rouge, qui tient deux chevaux par la bride, et semble attendre leurs cavaliers; vers la droite, une belle vache couchée, et du côté opposé, dans l'éloignement, une rivière qui borde un fort village. Un ciel frais et argentin, chargé de légers nuages, répand sa lumière sur tous les détails, et présente une des productions curieuses de cet artiste, dans le nombre des sujets qu'il a traités dans tous les genres. *L.* 36 *p.*, *h.* 30. *T.*

PAR LE MÊME.

50. — Dans une espèce d'écurie ou chambre basse, on voit un palfrenier tenant deux chevaux par la bride; il est accompagné d'un enfant en jupe rouge, vu par le dos, et d'un

chien. Ce tableau admirablement peint, et de la couleur la plus éclatante, offre une variété piquante parmi les productions de ce grand artiste, qui a dessiné les chevaux dans une étonnante vérité. Il provient encore du cabinet de Caumont, et méritoit une place distinguée dans cette collection. L. 16 p. et demi, h. 12. B.

BACKUIZEN (L.).

51. — Un vaste point de vue de mer agitée par le vent frais d'un beau jour. On y distingue entr'autres bâtiments, barques et chaloupes, un navire à trois mâts, percé de trente canons, faisant, avec une jolie barque, la plus belle richesse; sur la droite de la composition, un vaisseau de guerre se fait encore remarquer à une grande distance; et sur le premier plan, à la gauche, une barque à voile, du ton le plus vigoureux, forme un contraste et fait l'opposition la plus heureuse à tous les détails brillants du sujet. Le rivage est couvert de plusieurs belles figures de matelots et autres personnages. C'est avec confiance que nous présentons cette admirable production, comme un des chefs-d'œuvre de son genre et de son auteur. L. 30 p., h. 24. T.

BACKUIZEN (L.).

52. — Ce deuxième tableau, encore d'une extrême finesse et comparable aux plus précieux ouvrages de *van de Welde*, offre également un point de vue de la mer couverte de différents navires et barques. Morceau qui réunit à tous les avantages du côté de l'art, celui de la plus belle conservation. *L.* 26 *p.*, *h.* 18 *et demi.* Collection van Helsleuter, N.° 12.

RUISDAEL (Jacques.).

53. — Ce magnifique paysage paroît offrir le site imposant et pittoresque de l'entrée d'un bois sur un terrain marécageux. Dans le milieu et vers la droite, un percé dans le massif des arbres, découvre une chaîne de montagnes; du côté opposé, tourne un chemin sablonneux, et un tertre où sont trois brebis et un pâtre; un vieil arbre presque dépouillé de son écorce et de ses feuilles, se détache, avec autant d'art que d'illusion, sur tous les détails et la richesse du paysage. Morceau du premier choix, et le plus marquant que l'on puisse désirer de ce paysagiste célèbre et distingué. Il peut, par

son mérite et sa dimension, servir de pendant au tableau d'*Hobbema*, N.º 48.

HUYSUM (J. van).

— 54. — Ce magnifique bouquet, composé des plus belles espèces de fleurs groupées dans un vase enrichi de bas-reliefs, sujets de jeux d'enfants, et posé sur une table de marbre où sont encore de beaux fruits et un nid garni de mousse, offre dans son aspect une des belles productions de son illustre auteur; les roses d'espèces variées, le tournesol, pivoine, tulipes, œillets, l'iris et la jacinthe, y brillent par la variété de leurs couleurs, la beauté de leur forme et ce précieux d'exécution que *Jean van Huysum* a porté au plus haut degré d'illusion et de savoir. H. 36 p., l. 27. T.

RUYSCH (Rachel).

55. — Ce chef-d'œuvre de son genre et de son auteur, offre un choix des plus beaux fruits groupés avec infiniment d'art sur un terrain garni de mousse; on y distingue particulièrement un melon ouvert, les plus belles pêches, des raisins, un vieux tronc d'arbre du plus riche détail dans son écorce, et nombre d'insectes de la plus étonnante illusion. Cet ouvrage merveil-

leux surpasse tout ce que nous pourrions en dire, et suffiroit seul pour prouver ce que dit M. Lebrun sur cet artiste célèbre, dans son Ouvrage sur les peintres flamands et hollandais. *H.* 34 *p.*, *l.* 26. *T.*

WINANTZ (Jean).

56. — Le point de vue d'un paysage du site le plus agréable et le plus vrai, offrant tous les détails qui font admirer les productions de cet artiste. A la droite un terrain élevé et sablonneux, couvert de plantes et de broussailles, et une de ses barrières pittoresques qui sont frappées du soleil avec autant d'art que de goût; de vastes lointains de prairies coupées par différents chemins et rivières, occupent la partie gauche. *Lingelback* a enrichi ce beau et précieux tableau, d'un sujet de chasse qui ajoute encore à sa valeur. *H.* 25 *p.*, *l.* 23. *T.* Cabinet Caumont.

PAR LE MÊME.

57. — Un autre beau tableau, offrant un site de paysage du plus riche détail, et d'une intéressante variété dans l'espèce des arbres et leur proportion; un vieux chêne tortueux s'y fait

36 TABLEAUX.

remarquer autant par sa touche brillante que par une exécution aussi vraie que la nature. On y admire encore diverses plantes touchées avec autant d'art que de goût. *J. Lingelback* a enrichi ce magnifique tableau de figures, et *Wyntranck*, très-habile peintre d'animaux, y a placé des canards dans une mare qui occupe les premiers plans du sujet. Morceau de belle dimension et digne de la renommée de son auteur. 31 p. sur 40. T. Cabinet van Helsleuter, N.° 215.

LINGELBACK (Jean).

— 58. — Le point de vue d'un port de mer enrichi de tous les détails analogues à ce genre de représentation. La partie des figures qui couvrent le rivage, offre un intérêt marquant autant par leur belle proportion, la variété des attitudes et cette touche moelleuse et précise qui a mérité à cet artiste la réputation de rivaliser *Karel du Jardin*. C'est avec confiance que nous présentons celui-ci comme un de ses ouvrages les plus heureux dans la grandeur des morceaux de chevalet. H. 28 p., l. 24. T.

MOUCHERON (Frédéric).

59. — Ce riche paysage de site pittoresque, offre dans toute la partie gauche une masse de

TABLEAUX.

rochers garnis d'arbres et couronnés de belles fabriques, au pied desquels on voit encore une tour ronde qui se détache en clair sur les demi-teintes. L'effet est pris au soleil couchant d'une belle soirée d'été. Toute cette partie est baignée par une rivière, et partage le terrain du premier plan. Après le mérite et le beau choix de ce tableau, il est curieux d'y rencontrer un groupe de figures et de bestiaux de la précieuse touche d'*Adrien van de Velde*, qui contribuent autant à son intérêt qu'à sa valeur. L. 30 p., h. 24. T.

NEER (Eglon van der).

60. — Le sujet d'une famille dans un intérieur, et composée de trois personnages. Morceau d'une admirable finesse et de la plus étonnante vérité. Une belle femme, richement vêtue, est assise dans le milieu, tenant sur ses genoux un plat d'argent où sont des pêches dont elle vient d'en donner à un joli enfant placé à sa gauche. Le mari placé entre eux, se lie parfaitement à l'intérêt du sujet ; où l'on distingue, entr'autres accessoires, une table couverte d'un riche tapis où sont posés des vases et autres détails. Ce tableau classique par son mérite, ne l'est pas moins sous le rapport

de son extrême rareté. Il est du nombre de ces ouvrages soignés que l'on peut admirer à l'effet comme à la loupe. Il est de forme cintrée. *H.* 11 *p.*, *L.* 9 *et demi. B.*

HOCTERWELT.

61. — Scène familière offrant une réunion de quatre personnages dans un intérieur, composée de trois hommes en costume militaire et une jeune femme en corset rouge, qui se défend des caresses de l'un d'eux. Morceau très-fin d'exécution et d'une couleur harmonieuse. Les ouvrages de choix par cet artiste, sont portés sur la ligne des *Metzu* et *Gérard Terburg*. Celui que nous décrivons étoit digne d'une aussi belle collection. *L.* 16 *p.*, *h.* 14. *B.*

SLINGELAND (Jean van).

62. — Dans un intérieur d'appartement on voit un joli enfant en jaquette bleue, coiffé d'une toque garnie de plumes; il est debout, tenant un oiseau sur son doigt, qui fait aboyer un petit chien épagneul. Une table couverte d'un riche tapis, et un vase de fleurs, forment un accessoire intéressant. A la gauche du sujet, différents autres détails contribuent à la richesse et

TABLEAUX. 39

à l'agrément de ce morceau précieux et de toute rareté. Il provient du cabinet célèbre de Tolozan, N.º 109. H. 12 p. et demi, l. 8 et demi. B.

WEENINX (Jean).

63. — Ce tableau plein d'action et d'un faire admirable, offre le sujet d'un chat d'espèce tigre, et cherchant à déchirer un coq, tandis qu'il est aperçu par un chien qui aboie. Différents fruits, feuillages et débris d'architecture, contribuent à l'intérêt de ce groupe et à la richesse de l'ensemble. Morceau d'une admirable exécution et d'un excellent choix. H. 34 p., sur 28 de larg. Vente van Helsleuter, N.º 213.

SCHALKEN (Godefroy).

64. — Deux jeunes étudiants éclairés à la lumière et près d'une table où sont posés différents morceaux de sculpture. H. 9 p., l. 7. B.

HOOGE (Pierre de).

65. — Ce tableau, d'un excellent effet de clair obscur et de perspective, représente une scène familière dans un intérieur d'appartement où se voit une dame assise, donnant des pommes

à un enfant que lui amène sa servante. Une table couverte d'un tapis où sont quelques accessoires, contribue à la richesse du sujet qui tire sa lumière d'une croisée sur la droite. C'est à juste titre que cet artiste tient un rang distingué parmi les grands peintres de son École, autant par le piquant de ses effets de soleil que par l'exécution large de son pinceau, et cette vérité naïve de l'imitation de la nature. H. 24 p., l. 20. T.

POELEMBURG (C.).

66. — Ce tableau de premier choix par sa qualité, la richesse de ses détails et sa belle proportion, offre un site de paysage d'Italie, avec une masse de roches mêlées de fabriques et arbustes; sur toute la partie droite et du côté opposé, une chaîne de montagnes qui se détachent sur un ciel frais et du ton le plus harmonieux; de belles figures de faunes et bacchantes, qui dansent, font la richesse des premiers plans. Quelques bestiaux ajoutent encore à l'intérêt de cette aimable production dont la grâce du pinceau et le brillant du coloris ne laissent rien à désirer. Il a fait partie du précieux cabinet du marquis de Caumont, à Nancy. L. 17 p., h. 13. B.

TABLEAUX. 41
PAR LE MÊME.

67. — Ce deuxième tableau terminé dans la précieuse manière d'*Elsemer*, offre le point de vue d'un paysage solitaire et d'une rivière où deux jeunes femmes viennent de se baigner; un vieux tronc d'arbre sur la gauche, se fait encore remarquer par la vérité de ses détails. *L*. 10 *p*., *h*. 9. B.

DUSSAERT (Corneille).

68. — Le sujet riche et plaisant d'une kermesse sur la place d'un village, offrant une multitude de personnages dans l'ivresse de la plus franche gaieté. On remarque entr'autres détails, deux paysans, homme et femme, qui dansent ensemble de la manière la plus originale, et font un épisode plaisant sur le premier plan de la composition. Il est curieux de rencontrer un des ouvrages de choix par cet artiste, qui réunisse au plus beau faire l'agrément d'un sujet aussi riche et qui se rapproche autant de la belle manière de son maître, *Adrien van Ostade*. *L*. 16 *p*., *h*. 13 B.

DIETRICCI (Ernest).

69. — La fuite en Egypte, sujet de quatre figures représentées à l'effet de la nuit. La Vierge,

drapée d'un manteau bleu, et tenant dans ses bras l'Enfant Jésus endormi, est montée sur un âne que conduit Saint Joseph. Un ange les accompagne et porte un flambeau qui éclaire ce groupe intéressant; la Vierge est de la figure la plus agréable, et porte avec elle le caractère de candeur qui lui convient. Ce tableau est de la plus grande finesse et d'une exécution admirable; le clair obscur y est bien observé, et sans doute que les amateurs le distingueront comme une de ces productions piquantes où le Maître s'est plu à montrer tout son talent. Il provient de la collection Boisset, et en dernier lieu Tolozan, N.° 30.

PAR LE MÊME.

70. — Ce tableau gravé sous le titre des *Bergères des Alpes*, offre le point de vue d'un paysage pittoresque à l'imitation de *Salvator*. Au pied d'une masse de roches couvertes d'arbres d'un feuillé précieux et léger, on voit plusieurs jeunes femmes qui semblent sortir de se baigner dans une rivière qui occupe les premiers plans du sujet. Morceau très-agréable et du meilleur choix, dans lequel on admire ce brillant d'exécution et cette fraîcheur de coloris qui classent cet artiste

TABLEAUX. 43

parmi les meilleurs paysagistes de l'Ecole allemande. H. 29 p., l. 23. T. Ce tableau est gravé.

DIETRICCI (Ernest).

71. — Un site de paysage d'après nature, et ruines d'aqueducs avec un troupeau de chèvres et trois figures de villageois sur les premiers plans. Morceaux d'un excellent goût de couleur et de touche. L. 14 p., h. 10. B.

TOOL (van).

72. — Ce joli et précieux tableau, à l'imitation de G. Douw, offre le sujet de deux enfants vus à mi-corps à l'embrasure d'une croisée, s'amusant à faire des bulles de savon. Un rideau d'un tissu de couleur, est retroussé à l'intention de découvrir la perspective d'une chambre où sont des personnages. Un pot de fleurs et un bas-relief sont les principaux accessoires qui contribuent à l'intérêt et à la richesse de cette charmante production. H. 10 p., l. 8.

PAR LE MÊME (d'après G. Douw).

73. — Cette précieuse imitation offre le sujet gracieux d'une jolie cuisinière à l'embrasure

44 TABLEAUX.

d'une croisée, versant de l'eau d'une cruche dans un vase. Un chaudron, des légumes et autres accessoires, font une richesse agréable sur l'appui de cette fenêtre dont le dessous de l'entablement est orné d'un bas-relief en partie recouvert par un tapis. *H*. 13 *p*., *l*. 10. B.

FLINCK (Govaert).

74. — Buste d'une femme âgée. Elle est vue presque à mi-corps, les mains l'une sur l'autre, et ajustée d'une double fraise qui se détache sur un habillement noir de l'ancien costume hollandais. Morceau d'une frappante vérité de nature. *H*. 26 *p*., *l*. 22. T.

WITT (E. de).

75. — L'intérieur et les détails d'une belle église de protestants. Morceau d'un grand effet et d'un excellent choix. Parmi les différentes figures répandues dans ce beau tableau, on y remarque un personnage en manteau rouge et une dame qui semblent visiter cet édifice et ses monuments avec autant d'intérêt que de curiosité. *H*. 24 *p*, *l*. 28. T.

TABLEAUX. 45

HUGTEMBURG (Jean van).

76. — Sujet d'une halte de troupes en pleine campagne où sont dressées des tentes. Dans toute la partie droite, on remarque différents groupes de cavalerie naturellement disposés, ainsi que tous les détails d'accessoires qui tiennent à l'invention et au génie de l'artiste. Morceau d'un excellent choix et d'une exécution facile et hardie dans un ton de couleur vigoureux. L. 31 p., h. 23. T.

CAMPHUYSEN.

77. — Ce tableau d'une bonne intelligence de clair obscur, étoit désigné dans le cabinet Tronchin, sous le titre de la *Cuisine de Rembrandt*. Il représente un intérieur rustique servant d'étable; on y remarque entre autres personnages, une vieille ménagère occupée à son rouet. Nombre d'ustensiles, poteries et légumes, sont répandus et distribués sur tous les plans avec une extrême vérité. L. 24 p., h. 18. B.

HONDEKOUETER (Melchior).

78. — Ce tableau plein d'action et de vérité

dans ses détails, offre le sujet de différents animaux de basse-cour, parmi lesquels on distingue deux coqs de la plus forte espèce, qui se battent, ce qui effraie de droite et de gauche les poules qui semblent craindre pour leurs petits. Un fond de paysage sacrifié de ton, contribue à faire briller la richesse des plumages où ce peintre a excellé. *L.* 62 *p.*, *h.* 51. *T.*

BEIRESTRATEN.

— 79. — Ce tableau d'une grande facilité de touche et d'un excellent goût de couleur, offre dans le milieu une masse de bâtiments indiquant l'entrée d'un fort village entouré de fossés, avec un pont de bois pour arriver à une porte. Morceau curieux dans son ensemble comme dans ses détails. *L.* 53 *p.*, *h.* 30. *T.*

GOYEN (J. van).

80. — Point de vue d'un paysage du bord de la Meuse, pris au passage d'un bac, dans le moment qu'il est rempli de bestiaux, au retour des champs. On admire particulièrement dans les nombreux ouvrages de cet artiste, une touche légère, le ton vrai de la nature et une juste illu-

TABLEAUX. 47

sion de la perspective ; ce qui les a fait admettre dans les cabinets les plus distingués. *L*. 31 *p*., *h*. 24. B.

BREKELEMKAMP.

81. — Le sujet d'un cordonnier de village. Il est vu dans le milieu d'une grande chambre qui tire son jour d'une croisée, causant avec un voisin sans quitter son travail, tandis que sa femme assise sur la gauche, prépare des légumes. Morceau d'une parfaite illusion par la vérité des personnages, dans un excellent ton de couleur qui le soutient parmi les premiers Maîtres. *L*. 31 *p*., *h*. 22.

On le croit gravé à l'eau-forte, sous le titre du *Ménage du Sayetier*.

PAR LE MÊME.

82. — Dans un intérieur de chambre rustique, on voit dans le milieu une vieille femme assise près de son feu. A la gauche du sujet, différentes poteries et autres détails. *H*. 16 *p*., *l*. 14. B.

PAR LE MÊME.

83. — La Boutique du savetier. On le voit

48 TABLEAUX.

à son travail, tandis que sa femme prépare des légumes. L. 26 p., h. 20. B.

ZORG (Henri).

84. — Le sujet de différents personnages dans un intérieur de corps-de-garde où sont répandus divers détails et accessoires.

RUYSDAEL (Salomon).

85. — Deux points de vue de mer avec quelques barques et de jolis lointains, que ce peintre a représentés avec autant de goût que de vérité. L. 16 p., h. 12. B.

PAR LE MÊME.

86. — Un autre tableau offrant également une vue de mer et d'un fort village dont on distingue le clocher. Morceau encore d'un excellent goût de touche et du ton le plus vrai. 20 p. sur 17. B.

STAVEREN (van).

87. — Dans l'intérieur d'une grande chambre basse, on voit sur la partie droite et près d'une table, une ménagère occupée à nettoyer des

TABLEAUX. 49

légumes, et à la gauche du premier plan, différents ustensiles de cuisine et autres accessoires. Morceau dans lequel on rencontre des détails pleins de vérité. L. 32 p., h. 27. B.

MOLYN (P.).

88. — Point de vue d'une belle étendue de campagne, avec un groupe d'arbres sur la gauche, et dans le milieu quelques figures en plan coupé. Morceau de goût et d'un agréable ton de couleur. L. 21 p., h. 15. B.

MOLNAERT.

89. — Ce tableau de même classe, offre le point de vue et les détails d'un village et d'un canal glacé où sont rassemblés nombre de personnages qui conduisent des traîneaux, et d'autres qui s'amusent à patiner. L. 20 p., h. 15. B.

PAR LE MÊME.

90. — Un autre tableau de même genre et aussi d'un riche détail. L. 24 p., h. 18. B.

TABLEAUX.

ECOLE FRANÇAISE.

BOURDON (Sébastien).

91. — Le sujet d'une famille de paysans, campée sous une banne qui est suspendue à des débris de ruines et à l'ombre d'un paysage touffu. Le père, la mère et quatre enfants sont naturellement représentés sur le devant du sujet, et assis à terre pour faire un repas frugal et champêtre. Derrière eux et en second plan, sont quelques soldats et autres personnages qui se distinguent dans une demi-teinte grisâtre et d'une parfaite harmonie. A droite, au détour d'un pilier, on voit encore un homme à cheval qui s'avance vers un fond de montagnes. Ce précieux tableau peut soutenir toute comparaison avec les ouvrages flamands les plus fins de ton. Il est heureux pour les cabinets et la curiosité, que ce grand peintre d'histoire ait pris le goût, pour ses délassements, de traiter le genre naturel et familier des *bambochades*. Celui que nous décrivons est du plus beau choix. Sa forme est un ovale en travers, dans une bordure carrée. L. 22 p. et demi, h. 17. Collection Tolozan, N.º 5.

TABLEAUX.

BOURDON (Sébastien).

29. — Cette composition pleine de sagesse, et dans le caractère du sujet, offre un repos de la Sainte Famille dans un fond de paysage d'un style sévère. Morceau soigné dans ses détails. H. 20 p., l. 14. T.

PATER (J. B.).

93. — Ce joli échantillon du Maître, offre le sujet agréable de quatre personnages, hommes et femmes, qui se reposent dans un paysage champêtre et au bord d'un étang où l'on remarque avec intérêt une jolie personne dans un déshabillé galant et négligé, qui baigne ses jambes. L. 8 p., h. 6. B.

VERNET (Joseph).

94. — Cette belle production exécutée en Italie, porte la date de 1746, et soutiendroit la comparaison contre les plus beaux ouvrages de *Salvator*, qui ont été ses guides et ses modèles, tant dans le génie de la composition que de cette touche large et hardie qui le distingue. Ce morceau, pris à l'effet

du soleil couchant, offre le point de vue imposant et pittoresque d'une masse de rochers mêlés d'arbres et baignés par un fleuve où des pêcheurs conduisent leur bateau. Des soldats cuirassés se font remarquer sur le milieu du premier plan, et quelques autres personnages. L. 50 p., h. 37. T.

PAR LE MÊME.

95. — Encore exécuté à Rome en 1749, même dimension du précédent. Ce deuxième tableau semble représenter le point de vue d'un port de mer des environs de Naples, à l'effet du soleil couchant; toute la partie gauche est occupée par un rocher percé d'une haute arcade où sont ajustées quelques constructions pittoresques; une jolie treille sur une jetée avancée dans la mer, donne encore à cette partie de la composition un véritable intérêt; des navires et barques, ainsi que plusieurs autres détails, contribuent à présenter une des productions capitales de son genre et de son auteur. Tout le premier plan est enrichi de personnages divers dans le costume du temps, ainsi que de matelots occupés à transporter du poisson sur le rivage, qui est encore garni de différents accessoires. C'est avec

assurance que nous présentons cette production comme un des morceaux classiques qui ont fixé la réputation de *Joseph Vernet*. Il est gravé par *Duret*, et provient du cabinet de M. de Vilette.

GREUSE (J. B.).

96. — Cette précieuse étude, de la première finesse de carnation, offre le buste d'une jolie personne coiffée en cheveux simplement relevés d'un ruban, et négligemment vêtue d'un corset blanc et d'un léger fichu de gaze qui laisse voir ses épaules et une partie de sa gorge. Cette tête d'expression qu'il appeloit sa *Belle Boudeuse*, offre toute la grâce de son âge et la légèreté de touche de cet habile artiste qui a porté le sentiment de l'expression au plus haut degré. *H*. 17 *p*., *l*. 14. *T*.

ROBERT (Hubert).

97. — Cette composition ingénieuse et du plus grand goût d'exécution, offre dans toute sa surface les ruines d'un temple fameux de l'antiquité ; on y remarque entre autres richesses de détail, et comme historique, le transport d'une statue de Minerve, que l'on dirige à force de bras et par un moulinet vers le Capitole. On compte

54 TABLEAUX.

sur tous les plans de cette admirable production plus de vingt figures dessinées et contrastées de mouvement avec un goût exquis, et qui attestent la fécondité de génie du digne émule et successeur de *Panini*. L. 53 p.; h. 42. T.

DAVID (M. le Baron).

— 98. — Cette belle et savante étude offre le sujet d'une vestale représentée à mi-corps, proportion de nature. Le nom de son illustre auteur est un éloge, et nous dispense de tout autre détail pour fixer l'attention des amateurs sur les productions de notre Ecole moderne. H. 28 p., l. 22. T.

CALAIS (M.).

— 99. — Quatre tableaux qui ont décoré la maison de Bagatelle. Ils offrent différents sujets gracieux exécutés avec le goût et les talens qui distiguent cet artiste. Une offrande à Vénus, serment à l'Amour, hommage à Flore, et une bacchante dans l'ivresse auprès de la statue de Pan. Ces quatre morceaux sont restés réunis pour en former l'ornement d'un salon ou tout autre place, étant de même dimension pour la hauteur. 64 p.

TABLEAUX. 55

PAR LE MÊME.

100. — Adonis partant pour la chasse, est couronné par Vénus qui est assise sur son char et accompagnée de l'Amour.

101. — Diane au bain, accompagnée de ses nymphes et surprise par Actéon.

HUE (M.).

102. — Ce beau tableau qui a fait partie de l'exposition des peintures modernes en 1800, a été remarqué comme une des productions soignées de son auteur ; il offre le riche point de vue et les détails d'un paysage à la sortie d'un bois où des chasseurs font halte, et vers la droite, des villageois conduisant leurs bestiaux ; une eau limpide baigne les premiers plans. On admire encore l'étendue des lointains qui se détachent sur un ciel nuageux et contribuent à l'intelligence et à l'harmonie de l'effet général. *L.* 31 *p.*, *h.* 21. *T.*

SPAENDONCK (M. van).

103. Un sujet de fleurs et de fruits groupés dans un style pittoresque et du meilleur goût. On s'arrête particulièrement sur une belle rose, des

56 TABLEAUX.

raisins, des prunes, un nid garni de ses œufs, et une carafe où sont placées des oreilles d'ours. Morceau du plus bel éclat de couleur et de ce faire admirable qui soutient la renommée de son auteur, fidelle imitateur de la nature. *L. h. T.*

VALENCIENNES (M.).

104. — Ce beau tableau est remarquable par la richesse du site et de ses détails. Il représente le vaste point de vue d'un paysage de la Grèce, composé dans le style sévère et imposant des plus grands Maîtres, et de cette exécution aimable, facile et fleurie, qui charme l'œil du connoisseur, ainsi que par la belle distribution des plans et des lumières. On y remarquera sans doute avec intérêt le sujet de jeunes grecques qui viennent sacrifier leurs chevelures au fleuve de ces belles contrées, la veille de leur mariage. Nous bornerons cet article à la renommée de son auteur qui n'a jamais rien conçu dans ses productions sans un motif historique qui en augmentoit l'intérêt. *H. 60 p., l. 48. T.*

MARNE (M. De).

105. — Ce tableau précieux dans ses détails,

TABLEAUX. 57

offre un agréable site de paysage où l'on voit avec intérêt dans le milieu, des villageois gardant un troupeau de chèvres et autres bestiaux. Morceau qui soutient la réputation de son auteur. 12 p. sur 9. B.

DAEL (van).

106. — Cette aimable et brillante production offre un bouquet des plus belles fleurs groupées avec autant d'art que de goût dans un vase de terre placé sur une table de marbre et accompagné d'un nid de la touche la plus délicate. On distingue particulièrement la variété des plus belles espèces de roses, des pavots de riches couleurs, des anémones, tubéreuses, etc. Cette imitation fidelle de la nature et le talent distingué de son auteur, nous dispensent d'un plus ample détail. H. 22 p., l. 19. T.

PAR LE MÊME.

107. — Ce petit tableau est encore une des productions soignées et précieuses de M. van Daël. Sur une table de marbre sont groupés avec autant d'art que de goût, de belles pêches, des raisins et autres fruits. Imitation parfaite de la nature. H. 16 p., l. 12. T.

TABLEAUX

OMEGANCK (M.) d'Anvers.

108.—Le point de vue d'un paysage et d'une vaste campagne pris à l'effet d'une belle journée d'été. A la droite, deux jeunes villageois, garçon et fille, causent ensemble assis à l'ombre de plusieurs saules, en gardant leurs troupeaux qui font la plus intéressante richesse des premiers plans. A la gauche, d'agréables lointains de prairie et les détails de la moisson des foins. En général les ouvrages de cet artiste justement surnommé le *van de Velde* moderne, ont tout le charme de son genre; mais il en est plusieurs, tels que celui-ci, qu'il destinoit à des cabinets renommés pour la délicatesse du choix et parmi lesquels il ambitionnoit de soutenir le parallèle par ses efforts. *L.* 22 *p.*, *h.* 20. B.

SWEBACK DES FONTAINES (M.).

109. — Le point de vue d'un riche paysage où cet artiste a placé, avec le goût et l'esprit qui conduisent son pinceau, une halte de cavalerie, un chariot de bagages et des ustensiles de guerre. Morceau du détail le plus flatteur. 20 *p. sur* 15. B.

PAR LE MÊME.

110. — Le sujet d'une marche de villageois

TABLEAUX. 59

dans une agréable campagne. Joli tableau d'une touche facile et spirituelle. 15 p. sur 11. B.

DROLLING (M.).

111. — Jolie étude d'un jeune Savoyard appuyé sur son bâton. H. 9 p., L. 6 B.

PAR LE MÊME.

112. — Petit sujet d'un joueur de flûte, peint sur porcelaine.

SVAGERS.

113. — Deux jolis tableaux de paysages et points de vue de rivières avec figures et quelques animaux. L. 17 p., h. 14. B.

MÊME GENRE.

114. — Deux autres tableaux de paysage et points de vue de rivière enrichis de figures et quelques animaux. L. 17 p., h. 4. B.

DUNOUY (M.).

115. — Point de vue d'un paysage mêlé de fabriques, avec figures et chevaux dans le milieu du premier plan. L. 21 p., h. 13. P.

SENAVE (M.).

116. — Une jeune femme à sa croisée,

comptant de l'argent. Un coq, un vase et autres détails forment accessoires. *Haut.* 12 *p.*, *l.* 9 B.

PAR LE MÊME.

117. — Le sujet gracieux d'une jeune femme vêtue en satin blanc, et recevant une lettre qu'on lui présente. Morceau soigné dans ses détails.

ZAGT LEVEN.

118. — Intérieur rustique où sont deux personnages à un puits. Tout le premier plan est couvert d'ustensiles de ménage, légumes et autres accessoires rendus dans leurs détails avec une extrême vérité. *Larg.* 30 *p.*, *l.* 22 B.

BLOEMEN (van).

119. — Deux tableaux d'un bon choix, offrant des sujets de chevaux et vaches sur des fonds de paysage. *L.* 21 *p.*, *h.* 15. T.

STORCK (A.), ou sa manière.

120. — Le point de vue d'un canal de Hollande, avec fond de paysage. *Larg.* 30 *p.*, *h.* 20. B.

TABLEAUX.

WITTRINGA.

121. — Point de vue de mer avec barques dans le milieu et quelques autres détails. L. 19 p., h. 15.

ECKELL (artiste moderne).

122. — Le point de vue et la représentation d'une maison de campagne de riche construction en brique. Morceau soigné dans ses détails, à l'imitation de *van der Heyden*. L. 20 p., h. 16. B.

HUISMANS (de Bruxelles).

123. — Un tableau de paysage où se distinguent les ruines d'un ancien château entouré d'un étang, et à la droite un personnage assis sur un tronc d'arbre. H. 18 p., l. 22. B.

ÉCOLE DE TENIERS.

124. — Un intérieur de cuisine flamande, où sont répandus nombre de poteries et ustensiles de ménage sur toute la partie droite; à gauche une servante occupée à écurer un chaudron. L. 24 p., h. 18. B.

AFFTEN (van).

125. — ~~Un sujet de deux figures vues à mi-corps.~~

TABLEAUX.

126. — Quelques tableaux qui n'ont pas été décrits, seront vendus sous ce Numéro.

127. — La *Joueuse d'osselets*, d'après l'antique. Proportion demi-nature, *en marbre statuaire*.

128. — Le Musée français, publié par MM. Robillard, *Peronville* et *Laurent*. Epr. av. la lettre.

129. — Galerie du Palais-royal. 3 vol.

130. — Galerie de Florence. 2 vol. et 11 livraisons en feuilles.

131. — Huit livraisons des Jardins de la France, par M. *De la Borde*.

132. — Treize livraisons des Palais, Maisons et Vues d'Italie, par *Clochard*.

133. — Les six premières livraisons des Vues du Bosphore.

134 — Un service de déjeûné complet en porcelaine d'ancien Saxe, fond vert d'eau et cartouches fond blanc à sujets en miniature. Cet article curieux pour les amateurs des rares qualités, provient du cabinet et de la vente de feu M. Dutartre. N.º de ce Catalogue.

FIN.

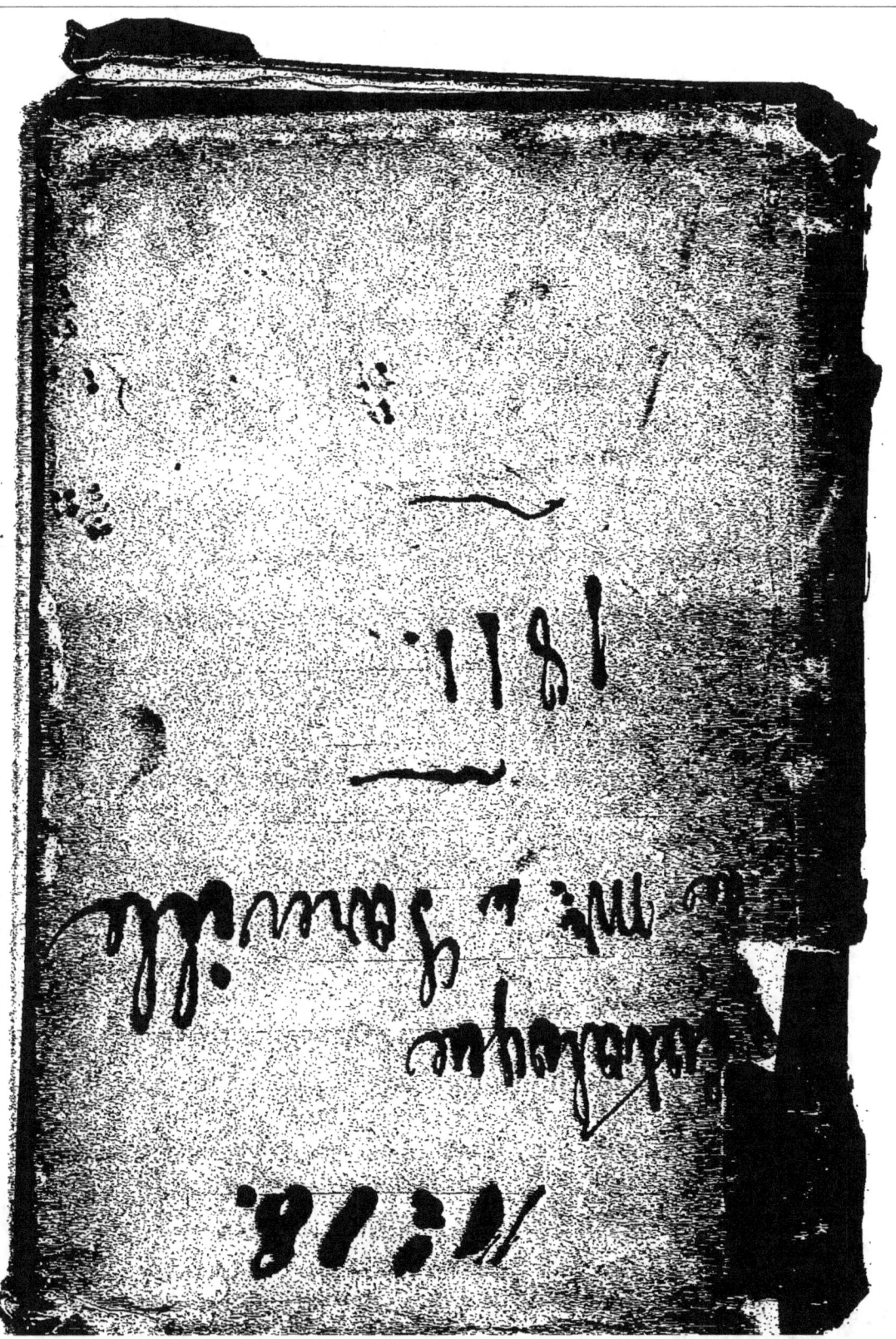

www.ingramcontent.com/pod-product-compliance
Lightning Source LLC
Chambersburg PA
CBHW050016230526
45470CB00003B/997